LA CENSURE.

DES SURVEILLANS.

> Et ce Roi que la Fable représente tenant tous les vents à ses ordres, pouvait exciter moins de tempêtes qu'un ministère investi de tout pouvoir sur les corps et sur les esprits.
>
> (Vicomte de BONALD, 28 janvier 1817.)

PARIS,
A. PIHAN DELAFOREST,
IMP. DE MONSIEUR LE DAUPHIN ET DE LA COUR DE CASSATION,
rue des Noyers, n° 37.
1827.

Le Ministre ;
Un Homme de trop ;
Un Français aussi au ministère ;
La Pairie ;
La Censure ;
La Remontrance au Conseil de la Censure ;
L'Admonition au Conseil de la Censure.

On doit excuser l'erreur, supporter l'entêtement, accueillir et exalter la récipiscence : il n'y a de péché irrémissible que l'impénitence finale.

Le démon est malin. Pour imprimer l'élan et applanir les voies à l'ambition, à la cupidité, avec un art qui n'a pas son pareil, c'est la conscience qu'il met à l'œuvre, c'est au dévouement qu'il fait appel.

Si bien que tant de gens honnêtes au fond, d'abord pris dans ses lacs, d'un pas tranquille, avec un front serein, se comportent à la satisfaction pleine et entière de leurs convoitises instinctives, s'imaginant bonnement qu'ils agissent en obéissance au devoir, et non sans répugnance.

Comme aussi il faut dire, qu'à la suite d'une ère prolongée, où la loi de droit et la loi de fait ont été constamment en discorde, les questions de morale privée, et surtout de morale publique, sont compliquées, sont enchevêtrées à tel point que le patient, auquel il n'est pas donné de s'en tirer tout seul, se voit forcé à solliciter de quelque étranger bénévole, une consultation.

Or, voici la consultation qu'il convient, ce semble, de présenter aux personnages exposés à tous les regards, dans le *Moniteur,* sous la qualification de membres du conseil de surveillance de la censure.

L'aveu coûte peu à faire. Les plus hautes considérations militaient, au moins en apparence, pour les décider à l'acceptation de ces fonctions. Le Français est frivole et fragile ; s'il ne court pas après le mal, il ne recule pas devant lui. Qu'on veuille le pervertir, le succès est certain; qu'on veuille le ramener, tous les efforts seront oiseux.

Et sous le rapport de la religion, de la morale, il y avait licence, licence dûment constatée, tacitement autorisée.

Pourquoi les ministres n'invoquaient-ils pas l'aide de la justice? Qu'on sache ou qu'on ignore la cause, ce n'est pas le moment d'en parler.

Les effets seuls devaient être observés; et ils s'aggravaient, ils s'envenimaient de jour en jour : rien ne paraissait plus urgent, plus important que d'y apposer un terme. S'il ne plaît pas aux ministres d'agir, à leur défaut, en leur absence, le conseil agira.

Puis, en refusant cette tâche, n'était-il pas à craindre que la charge fût confiée à des hommes moins purs et moins forts, moins éclairés et moins désintéressés? Il est déja téméraire de répondre de soi-même; il serait extravagant de répondre des autres.

Il faut donc accepter.

Du reste, l'ordonnance est parfaite en tous points :

« Un *Conseil* de neuf membres sera chargé de la *surveillance* de la censure. . . . Le *bureau* lui adressera une fois par semaine un *rapport* sur ses opérations. »

Et plus haut. « Il y aura un bureau chargé de l'*examen* préalable des écrits périodiques.... tout journal devra avoir été revêtu du *visa* de ce bureau, qui en autorisera la publication. »

Un bureau et un conseil, un examen et une surveillance, un visa et un rapport; voilà des relations bien établies, des fonctions bien précisées. Et sans doute une autorité effective, suffisante, sera conférée en conséquence.

Les membres du conseil auront à choisir entre ces deux modes : soit de dicter les règles de l'examen préalable et d'en surveiller l'accomplissement, soit de scruter le rapport des opérations et de les approuver ou réprouver.

Tellement que de manière ou d'autre, l'intention de la loi sera scrupuleusement respectée sous leurs auspices, et que l'exécution de la loi sera ponctuellement opérée, d'après leurs ordres.

Il faut donc accepter.

Toutefois, jusqu'ici nous nous tenons dans les régions imaginaires : ce ne sont que présomptions, que suppositions, légitimes sans doute et peut-être illusoires.

Abandonnons la théorie et examinons la pratique, autant qu'il y aura moyen pourtant ; car par l'effet d'un mauvais sort, dans cette caverne surbaissée où gît le bureau de censure, il ne pénètre pas le moindre rayon de clarté, tandis que sous ce dôme imposant où siège le conseil de censure, l'éclat de tant de lumières éblouit et trouble la vue.

Par exemple, se pourrait-il que le rapport des opérations du bureau, que le développement des motifs du *visa* et du *veto*, ne fussent pas soumis dans toute leur vérité au Conseil suprême.

Et s'ils lui sont soumis, se pourrait-il que le conseil fût privé des moyens d'apprécier la direction de l'examen préalable, ou des moyens de la rétablir, de la maintenir dans la ligne équitable.

Pour lors, il y aurait bien un conseil en séance, mais non pas un conseil en exercice : il y aurait neuf membres ou moins, posés autour d'une table ronde, et assis en des fauteuils à bras, qui causeraient ou ne causeraient pas entre eux, sans que cela tirât à conséquence en dehors de l'enceinte sacrée.

Or, dans cet état des choses, que ferait le conseil? rien et tout.

Rien, puisqu'il manque d'aide ou de force, si ce n'est de caractère, pour juger en dernier ressort, pour agir efficacement, immédiatement.

Tout, puisqu'il lègue son influence à l'usage du bureau, puisqu'il donne par son silence un assentiment apparent, puisqu'il sanctionne, au moyen de sa présence, les actes ostensibles.

En ne faisant rien, il fait tout : c'est justement ce qu'on voulait.

L'ordonnance porte en tête, des noms au moins connus du public, au moins distingués dans l'ordre social, au moins revêtus de puissance politique.

Pourquoi y apparaissent-ils? Afin de réhabiliter la censure et de consacrer, de consolider le système; d'autant que les mesures sont âpres et rudes, d'autant les formes doivent être soignées, recherchées Et quoi qu'on dise, l'opinion, bien qu'encore imberbe, est mâle, est vigoureuse; pour lui passer le cordon au cou, on n'ose l'aborder qu'en pliant le genou.

Dans le fait, ces noms gravés sur les colonnes vengeresses du *Moniteur*, font l'office d'enseigne, dont l'aspect magique dissimule à l'œil des badauds, ce qui se trame entre les quatre murs de la tabagie : car, ainsi qu'on le sait trop bien, le vulgaire est plus disposé à juger les actes d'après le renom, qu'à juger le mérite d'après les faits. Pour l'une de ces opérations, les sens suffisent; pour l'autre, le sens manquerait.

Mais c'est donc le conseil qui souffle la vie et donne l'être à la censure, qui féconde le germe péniblement conçu dans les flancs ministériels, frêle avorton destiné à périr au moment d'être frappé de la lumière.

Sans le conseil dénommé au *Moniteur*, qu'était-ce que ce bureau formé par voie de conscription forcée, et presque aussitôt réduit à moitié par la désertion des meilleurs sujets?

Sans la prétendue surveillance, sans le rapport supposé, comment cet examen arbitraire, ce visa occulte, osaient-ils affronter l'anathême de l'opinion publique?

Quant aux faits présens, passés et futurs, quant aux actes positifs et négatifs de la censure, la charge, la faute, la honte, s'il y en avait toutefois, ne passent point au compte des censeurs, ni même des ministres, lesquels, en dépit de leur insigne bonne volonté, n'y peuvent mais....

Tout retombe sur les membres du conseil de surveillance de la censure.

Qu'est-ce que la censure?

En toute question, définir c'est résoudre; aussi le débat s'établit sur la définition, et est interminable : il vaut mieux agréer les termes offerts, admettre que la censure est instituée pour la garantie du trône.

Telle est la fin de l'œuvre. Quels seront les directeurs?

En tous cas, pour qu'ils suivent les droites voies et se servent des moyens propres, deux conditions sont requises en eux; l'une sans l'autre, rare à posséder; l'une avec l'autre, plus rares encore à réunir : la science, la concience.

Les directeurs sont les ministres. S'il plaît de les considérer comme ne formant qu'un seul être avec le souverain, nuls risques ne menacent; donnez-leur tous les droits, tous les pouvoirs. N'ayant point d'existence appartenante en propre, établie en privé nom, ils ne travailleront qu'à l'avantage, à la gloire de l'auguste existence sous laquelle ils sont absorbés.

Doit-il en être autrement? les craintes se ravivent soudain. Deux êtres apparaissent, l'être souverain, l'être ministériel; celui-là immuable et inviolable, impassible et infaillible; celui-ci vacillant, inquiet, passionné. Comment se rallieront-ils, se confondront-ils?

A tout prendre, l'être ministériel n'est pas de nature angélique, de nature céleste; car il ne faudrait pas moins. Si les plus dévoués serviteurs de l'être souverain entendent ses intérêts d'une manière contraire à la sienne, il ne se rendra pas à leurs raisons, il ne leur cèdera pas ses fonctions, et l'opposition devenant d'autant plus ardente, plus pressante, en proportion des difficultés, il en viendra nécessairement à diriger contre elle toutes ses forces constitutionnelles et discrétionnaires.

Ainsi la parole est enlevée à l'opposition. La censure n'avait pour but que de garantir le trône, et n'aura d'autre effet que de protéger les ministres; la censure sera saisie au profit des ministres, sera retournée au détriment du trône.

Nous en sommes là.

Or, des hommes d'honneur, quand même ils seraient étrangers à tout esprit de parti, ne peuvent entrer dans un pacte aussi périlleux, s'ils n'ont acquis, par l'expérience prolongée de leur propre conduite, la certitude de rester indépendans, s'ils ne sont investis d'une autorité supérieure, à l'effet d'imposer et de maintenir la ligne et les limites convenables.

Et les hommes d'honneur qui seraient du bord ministériel, ne doivent y entrer à quelque titre, par quelque cause que ce soit, sauf qu'ils n'aient été prévenus que la grace d'en haut, descendant sur eux, allait rendre la vigueur à leur caractère affaibli, affaissé, et le mettre en état d'opposer une résistance héroïque aux influences si longtemps subies.

Mais laissons ces hautes considérations. Né d'une race aussi bornée en moyens qu'exagérée en projets, d'une race mieux pourvue en puissance industrielle qu'en capacité intellectuelle, l'homme prendrait trop de peine et peut-être courrait trop de risque à rechercher rationnellement les principes du devoir absolu, à se créer une règle universelle et perpétuelle.

La conscience de raison, de plus en plus difficile à entendre, en raison de la complication progressive des rapports sociaux, a dû faire place à la conscience de position, à la conscience d'état, de métier. Dans les ames les plus droites, dans les têtes les plus fortes, le devoir relatif a supplanté le devoir absolu, a usurpé la domination.

Encore cette conscience ainsi rétrécie est le plus souvent empruntée : l'esprit de corps, l'ascendant du pouvoir, le prestige de l'opinion, la dictent plutôt que le sentiment moral ne l'inspire.

En ce moment, bien loin de se plaindre d'un tel état de choses, il faut en tirer une leçon plus précise, plus frappante, et dérouler l'immense série des incompatibilités existantes de plein droit entre le rôle éphémère de membre du conseil de la censure et la charge stable de divers états de la société.

Que si certains noms dont est tapissé l'*Almanach Royal*, devaient se présenter à l'imagination, en marge des vérités exposées ci-dessous, c'est l'*Almanach Royal* qui serait le libelle : et les porteurs de ces noms auraient toujours la faculté d'option, de sorte à réprimer, s'il leur plaisait, le soupçon involontairement éclos dans l'esprit.

Biffons donc à l'encre rouge de la censure, cet *Almanach Royal*, lequel à dire vrai, n'aurait dû accepter que sous bénéfice d'inventaire, la succession de l'*Almanach Impérial*, afin de couper court à tous ces embarras. Et rentrons dans le cercle des suppositions gratuites.

Par exemple, un ministre d'Etat, des conseillers d'Etat, à la fois appointés et amovibles, repousseraient sur-le-champ, les fonctions de membre du conseil de censure, tant par un instinct de scrupule que par l'effroi du scandale.

Car la balance du juste et de l'injuste, déja si difficile à tenir droite et ferme, par la plus impartiale raison, court le péril imminent d'être forcée et renversée, aussitôt qu'en un de ses bassins, tombe un imperceptible grain de personnalité : tellement qu'au mépris du Samaritain timide, qui se garantit du danger en fuyant aussitôt, le Pharisien prenant repos sur sa vertu, qui se fait gloire de le braver, succombe enfin.

Car le public, indisposé contre la censure et révolté par chacun de ses actes, n'ira pas, en contrariété de ses penchans naturels, en opposition avec sa triste expérience, bénignement croire, quand même cela serait vrai, que des hommes ont recherché, ont accueilli du moins, une charge où l'intérêt et l'honneur devaient être constamment aux prises, dans la seule vue d'immoler une existence brillante, sur les autels trop ingrats de la justice.

A plus forte raison, les personnes qui se croiraient en droit ou en état, choses fort confuses dans l'esprit, d'obtenir l'investiture de la pairie, rejeteraient bien loin, l'offre insidieuse d'exercer la surveillance de la censure, qui n'aurait pu être faite que dans l'espoir de leur docilité.

Si bien qu'au sein du conseil appelé à prononcer en dernier ressort, dans les débats éternels de la licence qui veut tout publier, et de la censure qui veut tout raturer, il ne pourra jamais se rencontrer une majorité d'aspirans ou de postulans aux sièges dorés du Luxembourg, assez téméraire pour faire prohiber ou laisser prohiber un écrit consacré au maintien de la pureté de cette tutélaire institution.

Si bien que la postérité ne devra jamais être affligée d'apprendre qu'un temps fut, où la plus haute dignité de l'Etat était conférée, non pas en raison du mérite et des services, non pas en vertu du droit de ses ancêtres; mais au prix de certains bons offices, de certains petits soins, de certains égards plus que polis, au sujet desquels, la conscience n'imaginait pas qu'il y eût rien à redire.

Mais il est des incompatibilités encore plus formelles, plus explicites, plus catégoriques.

Sur cette scène politique où le drame s'ouvrit par des forfaits, et marche à la catastrophe à travers les turpitudes ; si quelques traits se recommandent à la gratitude des siècles futurs, ce sont par dessus tout, la découverte et l'adoption de ces deux principes capitaux, la division du travail, la division des pouvoirs.

Et comment serait-il possible que des membres de cours souveraines, que des membres de chambres législatives, acceptassent conjointement avec leurs fonctions suprêmes, solidairement avec un bureau subalterne, de participer à l'exercice de la censure.

Un conseiller de Cassation, un président de la

cour des Comptes, faisant partie du conseil de surveillance, sembleraient coopérer à son travail, dans le dessein de préserver leurs arrêts de l'examen de l'opinion publique? comme s'ils ne pouvaient pas le supporter, comme s'ils ne devaient pas le solliciter, afin de se fortifier contre les intrigues.

Il faudrait croire, ou qu'ils ont reçu à cet égard une mission de leurs cours respectives, ou qu'ils trahissent leurs devoirs, qu'ils empiètent sur les droits de leurs compagnies? dilemme également foudroyant dans ses deux termes.

Au moins des membres de la chambre, soit qu'une éblouissante cité ou qu'une bourgade embrumée les aient revêtus des insignes civiques, ne s'aveugleraient pas jusqu'à se charger de la tâche.

Serait-ce en qualité de Députés, qu'ils deviendraient nos censeurs?

Lisez la Charte où leurs pouvoirs ont été spécifiés; lisez les votes qui ont désigné leurs personnes : ni cette Charte, ni ces votes ne disent un mot de la censure.

Puis, écoutez l'ordonnance de clôture : La session est terminée, la Chambre est prorogée. Jusqu'à la convocation prochaine, les Députés (seulement à ce titre par bonheur) sont frappés de mort civile : il n'existe plus de Députés; il ne reste, épars sur le sol du royaume et soumis au coup des mêmes lois, que des êtres de sorte ou d'autre, qui éffectivement ont été Députés, qui éventuellement seront Députés, sauf l'évènement de la dissolution.

Quelle responsabilité pèserait sur leurs têtes? Aux temps du paganisme, trois bons frères, dit-on, Jupiter, Neptune et Pluton, ayant le monde en partage, prirent pour lots, le Ciel, l'Océan, les Enfers; et seuls en leurs empires, ils faisaient la loi. Mais aux bas lieux où nous vivons, le nombre ternaire étant fondu et perdu, dans une masse de quatre cent quarante confrères, il ne lui revient en fait de puissance suprême, qu'une quote part trop minime pour agir au nom commun.

Et certes, des Pairs de France ne souffriraient jamais d'être appareillés à trois de front, sous un tel joug. Tels étaient cependant les grands projets : car à l'imitation du parlement de Paris, qui prétendait constituer les Etats-Généraux au petit pied, le conseil formé par la mixtion de tous les pouvoirs, devait représenter la souveraineté au petit pied, puis au grand et très grand pied, tel qu'il est requis pour parcourir le vaste domaine de l'arbitraire.

Si dans un pays où, à la rigueur, tout se conçoit de telle ou telle manière, attendu que rien ne s'accomplit en la juste manière, des pairs eussent pu ne pas se récuser d'abord, c'est indubitablement, incontestablement que tout souvenir s'était effacé de leur mémoire et ne leur avait pas été encore rappelé dans un écrit crument et cruellement vrai (1).

Eh grand Dieu ! ne serait-ce pas la plus affreuse des plaies de douleur et d'opprobre, dont ta justice a frappé ce siècle aussi mémorable en expiations qu'en profanations : s'il arrivait que des pairs de France, ceux-là même qui, dans les lointaines annales de notre histoire, ont à se rallier, à se rattacher avec les ducs et pairs de la cour de parlement, avec les anciens pairs grands vassaux de la couronne ; ceux-là même qui ont été installés par la sagesse royale au premier rang sur les marches du trône, presqu'à la hauteur du trône, quant à l'hérédité et à la puissance législative ; ceux-là qui ont été appelés au partage du respect et de l'amour des peuples, au partage de l'influence, de l'ascendant sur les peuples, qui ont été destinés à porter à la prérogative royale un surcroît de sécurité, et aux libertés publiques, en même temps, une digue contre les écarts, un rempart contre les périls ; ceux-là qui ont reçu la mission expresse d'affermir et maintenir l'édifice

---

(1) Marches et effets de la censure, page 13.

social, tel qu'il a été construit à l'aide de ses débris épars, tel qu'il pouvait s'élever et peut se consolider.

S'il arrivait que de tels personnages, avant que les circonstances graves mentionnées dans la loi fussent réellement advenues, et quand la force morale ou légale leur manque pour contenir la censure dans les droites voies, eussent été surpris au point de se laisser poser entre l'éminent conseil du cabinet et le chétif bureau de censure, devant être contraints à homologuer purement et simplement les actes dictés par la vanité déréglée à la bassesse illimitée, au point de se laisser jeter en travers des vindictes inévitables de la justice, devant être mis en cause et appelés en garantie, soit par le cabinet qui prétendra leur avoir transporté tous ses pouvoirs, soit par le bureau qui soutiendra n'avoir exécuté que leurs ordres.

Aux termes de la loi de 1822, la censure ne peut-être remise en vigueur que dans des circonstances graves, qu'à cause de l'insuffisance des lois, et conséquemment elle ne doit exercer son action que dans le sens de ces circonstances graves, auxquelles il faut remédier, que dans les cas d'insuffisance de ces lois, auxquelles il faut suppléer.

La légitimité de la censure est contingente et dépend de deux sortes de conditions.

Si les conditions de fait ne sont pas advenues, s'il n'existe ni gravité de circonstances ni insuffisance des lois, son institution est illégale.

Si les conditions de droit ne sont pas accomplies, si elle ne se borne pas à remédier aux circonstances graves, à suppléer aux lois insuffisantes, son exécution est déloyale.

Quant à l'avènement des conditions de fait, dont les ministres étaient tenus de justifier avant d'impôser la censure, leur conscience, trop enhardie par sa conviction intime, n'a pas daigné s'ouvrir devant nos oreilles inquiètes et impatientes.

Ainsi, le bureau de censure qui devait diriger en conformité, l'accomplissement des conditions de droit, avait charge de rechercher comment en trois fois vingt-quatre heures, y compris les nuits, à peine écoulées depuis la clôture de la session, des circonstances graves s'étaient élevées *ex abrupto*; comment après que la justice avait cessé d'être invoquée depuis plusieurs années, sauf en certains cas équivoques, l'insuffisance des lois était démontrée *ipso facto*.

On doit reconnaître qu'il a fait preuve à ce sujet d'une sagacité peu commune, d'une dextérité sans pareille; c'est d'un coup-d'œil d'aigle, que s'élançant du sein des nues pour percer jusque dans la fange, le génie du bureau a conclu en la manière qui suit :

« Quel est le point sur lequel se rencontre l'insuffisance des lois existantes; et non pas momentanément, accidentellement comme il est dit dans l'acte législatif, mais plutôt perpétuellement, irrévocablement, par la simple raison, qu'en aucun pays, en aucun siècle, les lois n'ont encore jugé à propos ou peut-être ne se sont jugées en état d'employer leur intervention ? Ce point n'est autre que le péril du ministère.

« Et quelles sont les circonstances graves, qui doivent se joindre à l'insuffisance des lois pour valider l'établissement de la censure, circonstances graves en effet et même très graves, au dire de certaines gens ? Ces circonstances ne sont qu'une ; encore le péril du ministère. »

Second axiome du bureau de censure, merveilleusement concordant et concourant avec le premier pour lui enseigner la seule règle, lui assigner l'unique fin de ses actes.

Ce qui étant bien entendu, il faut admirer la scrupuleuse ponctualité qu'il a porté à bien remplir sa tâche.

De là, en dépit de la loi de 1822 et de l'ordonnance de 1827, qui ne prescrivent que l'examen des journaux, préalablement à l'autorisation, la censure s'exerce sur les brochures ; et, pour remplacer l'examen, biffe d'abord l'annonce du titre, puis l'analyse de l'écrit ; pour tenir lieu de l'autorisation, décerne la prohibition absolue, l'anathème anticipé.

Apparemment parce qu'il est dûment avéré, qu'en matière de droit public et de haute politique, quelques têtes plus ou moins chauves, réunies de gré ou de force, sous un seul bonnet à forme étroite, absorbent et renferment la quintescence de l'esprit humain.

De là, la censure proscrit, dans les journaux mêmes, toute réponse aux interminables justifications du ministère, qui commence à plaider sa cause, après que les juges ont été mis hors de cour, qui s'échauffe et s'enflamme d'autant plus dans ses harangues, depuis que l'audience a déserté les bancs.

Tellement que les journaux, fatigués de tant de peines, effrayés de tant de frais, désormais ne hasarderont ni aucun article de politique, ni aucune annonce ou analyse de brochure; oubliant trop qu'en s'assouplissant ainsi au joug de l'arbitraire, ils abandonnent la chance propice d'avoir à exposer, en temps et lieu, la série non interrompue des iniquités progressives.

Bientôt, car le démon du mal, indomptable dans les revers, est audacieux dans les succès, la censure se portera à prohiber les blancs en place des passages retranchés, prétendant ainsi couvrir la trace de ses rapines quotidiennes.

Et elle y réussira, en menaçant de raturer la feuille entière, ou même de ne pas restituer l'épreuve, attendu que les journaux, dominés par la répugnance de leurs abonnés à rencontrer des blancs, et surtout à se passer de lecture, au lieu de se résoudre à en perdre une partie pour un temps, préfèrent courir le risque de perdre leur feuille même, à jamais.

Puis, la censure ne tardera pas à refuser purement et simplement le visa, choisissant d'abord, pour sujet d'expérience, le journal le moins accrédité, lequel, retenu sans doute par un faux calcul d'économie, ne sait pas rendre injure pour injure, en expédiant sa feuille toute blanche.

C'est un grand pas : on ne s'arrêtera pas en si belle route; on marchera de triomphe en triomphe, sous la sauve-garde des terreurs partout répandues.

Les tribunaux seuls pouvaient réprimer; et cette fois ils faillissent. Selon eux, la question est toute administrative : comme si les agens de la douane ne seraient pas soumis à leur ressort pour avoir jeté à l'eau des marchandises, en place de faire acquitter la taxe; comme si le plus insigne criminel, à qui les gendarmes auraient cassé bras et jambes, sous prétexte de lui mettre les fers, n'obtiendrait pas une vengeance juridique.

Alors il faudrait mendier un asile sur les côtes de Barbarie : là du moins il n'existe pas de journaux, et le précédent consacré en une telle façon, quant à la violation de cette sorte de propriété, ne menacerait pas d'y tourner en pratique, d'y passer en usage au sujet de la propriété en général, puis de la liberté, puis de la vie même.

Mais les tribunaux auront pensé peut-être que le recours n'était pas épuisé dans les voies administratives, que de la part de la haute cour de censure, il n'existait pas manifestement, déni de justice.

Les tribunaux ajournent : ils attendent que le

conseil de surveillance, au moyen ou à défaut de ses arrêts, les dispense ou les contraigne de prononcer sur le litige.

Or, les pièces du procès sont déposées dans des brochures nombreuses, surtout dans les lettres au rédacteur *des Débats*, dont la troisième développe parfaitement le caractère essentiel de la censure dans les monarchies représentatives (pages 2 et 3).

Le conseil est au complet, est en exercice ; et si l'on doit croire que, sous ces noms pompeusement préconisés, se rencontrent les personnages analogues, en nature vivante, si l'on doit croire qu'aux susdits personnages, soit resté l'usage libre et entier du jugement, il faut espérer.

Dieu garde de leur donner des avis ! Quel que soit l'artifice du langage, par le privilège le plus malencontreux, il perce toujours, à travers les accens de la raison, un certain ton de commandement qui choque et révolte l'orgueil : vaincu, abattu, on se refuse à rendre les armes.

Les faits parlent et les noms répondent.

Désormais peu de jours ont à s'écouler avant que la patrie ne soit appelée à rendre un double tribut d'actions de graces aux pairs, députés, magistrats, dont est composé, au dire de la liste officielle, le corps chargé de la surveillance de la censure.

D'abord et avec tous les symptômes de l'enthousiasme, pour avoir à l'heure même, attendu que leur conscience encore vierge serait profanée par l'ombre du soupçon, abdiqué par devant l'opinion publique les fonctions ci-dessus désignées; dépouillant ainsi une institution frauduleuse du voile de leur ancien renom, et déroutant des complots funestes, répandant une salutaire terreur, préparant le repentir ou la punition.

Surtout, et non sans quelque effort de réflexion, pour s'être prêté, dans l'origine, à étayer, à appuyer l'établissement de la censure, si bien que ne doutant de rien, ne craignant ni le ciel ni la terre, elle a dû afficher, sans aucune retenue, dès les premiers temps, tout ce qui peut s''imaginer d'impudent et de brutal, d'ignoble et de stupide; exposant ainsi et mettant en horreur, l'arbitraire, et préservant un peuple inconséquent autant qu'extravagant d'en tenter jamais l'épreuve dans une sphère plus élevée, sur une échelle plus étendue.

NOTES.

UN passage du *Courrier Anglais*, en date du 27 juin, vient fort à propos pour confirmer les nobles, honorables et savans membres du conseil de surveillance de la censure, dans leur intention évidemment préméditée, de résigner leur charge aussitôt qu'aurait été donnée la plus précieuse leçon au sujet de l'arbitraire.

« Nous ne pouvons pas découvrir le motif précis d'une telle ordonnance dans le moment actuel. Nous lisons avec attention les journaux de Paris, et nous avouons que nous n'y trouvons pas ce langage séditieux et incendiaire qui pourrait demander une surveillance aussi sévère de la presse; d'ailleurs, il y a des preuves suffisantes que les tribunaux du pays ont le pouvoir d'en punir les excès. Un gouvernement doit être bien faible, ou le peuple qu'il régit bien porté à la désaffection, pour qu'on croie nécessaire d'établir une censure; mais c'est une grande erreur de supposer que cette ressource soit utile dans l'un ou l'autre cas. Un gouvernement n'acquiert aucune force en trahissant ses craintes, et un peuple mécontent ne redevient pas affectionné sous le poids de nouvelles entraves.

Puis adviennent à point nommé, en ces jours 11 et 14 août 1827, deux documens officiels qui jettent en surcroît, et par excès, une nouvelle lumière.

« L'auteur de la charte n'avait point songé à tout; une institution était échappée à sa prévoyance : c'est un corps ou plutôt une légion d'aides electeurs chargés de réveiller le patriotisme endormi, d'amener de gré ou de force les retardataires près de l'urne, de leur ôter enfin, en l'honneur du droit d'élire, le droit de n'élire pas...

« On voit tout de suite les èffets de cette belle innovation; c'est le pouvoir électoral passant par anticipation aux mains des jeunes gens et le sanctuaire ouvert à ceux que la Charte laisse pour quelque temps à la porte, même à ceux qui ne devraient jamais entrer; car la légion est trop bien avisée pour refuser les services des prolétaires de bonne volonté. Courage, zélateurs exclusifs de la Charte : vous lui donnez de votre amour des témoignages de plus en plus touchans. (*Gazette*, 11 août 1827). »

« Notre article sur le corps des aides électeurs a été compris ; c'est ce que nous demandions.

« On nous répond que les élections étant une affaire d'intérêt général, chacun a droit d'y participer. En ce cas, pourquoi ces conditions et ces limites? où si le droit est susceptible de plus et de moins, pourquoi les degrés manquent-ils ? Nous avions donc raison d'affirmer que, dans le système des novateurs, la Charte est fautive ou incomplète.

« Chacun a intérêt que les élections soient bonnes, sans doute; mais chacun a bien plus encore d'intérêt qu'il y ait de bonnes lois, puisque ce dernier intérêt produit l'autre; d'où la nécessité d'un corps d'aides-législature par analogie avec le corps d'aides-électeurs, et la discussion amenée sur la place publique (*Gazette*, 14 août). »

Qu'est-ce à dire que cette tirade, boutade, incartade? comme il plaira de la désigner, car dans la langue française aucun mot ne lui sied.

Peut-être le chant de triomphe! peut-être le signal de détresse! on ne sait trop, tant le style du cabinet tourne de plus en plus au louche, au vague, au vide.

En tous cas, il y a insulte à la Charte, et outrage contre son auteur; il y a violation des devoirs du ministère, dérision des droits du citoyen.

De plus, il y a extravagance, absurdité, sauf que ce fût le préambule obligé d'une ordonnance d'abrogation du système constitutionnel.

Or, un tel acte n'aurait jamais été publié, si les journaux étaient libres d'y répondre; et les journaux seraient libres si la censure n'existait pas; et la censure n'existerait pas, si les censeurs avaient fait défaut; et les censeurs au détail auraient fait défaut, si les censeurs en gros n'avaient répondu à l'appel.

Quoiqu'on s'en fasse accroire, en tenant sa conscience sous porte close, ou quoiqu'on s'en laisse accroire, en prêtant l'oreille au vent de la faveur, l'acte est du fait non immédiat, mais direct des membres de la haute cour de censure.

Et ce qu'à Dieu ne plaise, si un jour ou l'autre, si de sorte ou d'autre, car enfin à tout ce qui se passe il s'apprête une fin quelconque; (et comme du bord de l'arbitraire, nulle fin n'est à présumer, n'est même à supposer, on a tout lieu de craindre, qu'elle ne soit atteinte et accomplie, dans le sens diamétralement contraire :) si à la suite et par suite de tant d'indignes et d'iniques manœuvres, il devait éclater quelque trouble, quelque crise, quelque désastre, quels hommes seraient accusés par la patrie en deuil?

Nombre de gens sans doute, gens en place et en charge, gens à boule et à tribune.... Mais vous en tête, vous au premier chef, vous avec récidive et non sans préméditation peut-être, promoteurs, protecteurs, proviseurs de la censure.

Enfin, comme s'il en était encore besoin, survient un dernier trait, un trait de foudre.

Est-ce donc que les sbires de plume ne savent pas lire couramment, et dans une soirée pleine, ne sont pas en état d'épeler le texte de cinq journaux où il n'y a plus rien? car autrement, leur délit commis à tête reposée serait incommensurablement plus grand que celui des manœuvres qui fournissent matière aux feuilles, avec les découpures des gazettes étrangères.

Ou plutôt est-ce qu'étant gagés par les ministres, ils ne travaillent qu'au profit de leurs maîtres; et sont instruits, en biffant tout ce qui se rapporte aux faits et dires du cabinet, à tolérer bénignement, pour faire preuve d'une certaine impartialité, tout ce qui ne porte offense, insulte, outrage, qu'à la couronne.

Et faut-il qu'au moment même où on traduit en justice un article de journal (1), en date du jour de l'ordonnance de censure, lequel, dans sa partie incriminée, n'expose en des termes peu différens, que les motifs de l'angoisse mortelle, de la douleur poignante dont est pénétré tout royaliste qui n'a pas laissé mettre sa conscience à la chaîne, on ne punisse pas exemplairement, ou du moins qu'on ne chasse pas honteusement ces commis affublés de la livrée de censeurs, lesquels au moyen de ce qu'ils libèrent les journaux de toutes poursuites, restent chargés de la responsabilité entière, et ont souffert cette phrase, attentatoire envers la personne sacrée et son auguste famille, autant que calomniatrice, à l'égard des faits les plus constans, les mieux connus.

---

(1) « Dans ce débat du pays et du ministère, le prince a été constamment respecté.

« Quand l'administration a servi les intérêts de la France, le public en a remercié le monarque, comme d'une pensée à laquelle il ne pouvait pas être étranger; mais lorsque les vœux du pays ont été méprisés, insultés par les ministres, les citoyens n'en ont accusé que les conseillers du prince, persuadés que le prince est trompé par eux toutes les fois qu'il n'écoute pas les prières des peuples.

« Cependant, nous ne devons pas dissimuler qu'une opposition longue et permanente de l'administration aux sentimens d'une nation, affaiblit insensiblement la pieuse et salutaire *croyance* en un *dogme* politique sur lequel repose l'inviolabilité du trône. » (*Journal du Commerce*, 25 *juin*.)

« M. le marquis de Chabannes, qui depuis plusieurs années est détenu pour dettes en Belgique, et qui est à la veille de soutenir un procès pour divers écrits, vient de recevoir du roi des Pays-Bas, une marque d'intérêt et de munificence qu'il a vainement attendue de CEUX à qui *lui* et sa famille ont donné tant de preuves de dévouement. »

(*Courrier Français*, 30 juillet.)

Mais que les autocrates de la censure prennent donc des lunettes, ou se fassent faire la lecture ; et qu'ils optent enfin :

Soit d'expulser des agens subalternes qui compromettent leur honneur ; soit de garantir leur honneur en abdiquant les fonctions suprêmes.

FIN.

www.ingramcontent.com/pod-product-compliance
Lightning Source LLC
LaVergne TN
LVHW020630110826
845149LV00004B/1120

9782013527965